AF279701

ALAS DE LIBERACIÓN

ATLANTIS NELSON

ALAS DE LIBERACIÓN

EXLIBRIC

ANTEQUERA 2025

ALAS DE LIBERACIÓN
© Atlantis Nelson
Diseño de portada: Dpto. de Diseño Gráfico Exlibric

Iª edición

© ExLibric, 2025.

Editado por: ExLibric
c/ Cueva de Viera, 2, Local 3
Centro Negocios CADI
29200 Antequera (Málaga)
Teléfono: 952 70 60 04
Fax: 952 84 55 03
Correo electrónico: exlibric@exlibric.com
Internet: www.exlibric.com

ISBN: 979-13-87944-56-8
Depósito Legal: MA 1432-2025

Impresión: PODiPrint
Impreso en Andalucía – España

Nota de la editorial: ExLibric pertenece a Innovación y Cualificación S. L.

ATLANTIS NELSON

ALAS DE LIBERACIÓN

Para mi tío Carlos,
quien siempre estuvo a mi lado
y a quien quise como a un padre
(20/7/1964 - 24/8/2024)

Prólogo

Pienso que cada persona debería escribir un libro antes de marcharse de este mundo. No tiene que ser un best seller, ni el próximo Don Quijote; simplemente debe ser un libro que relate tus vivencias en este mundo. Una especie de legado, un recordatorio, una constancia de que has estado aquí, en la Tierra.

Pero, más allá de que todos debamos o no escribir un libro, yo necesito escribir. Es mi forma de comunicarme con el mundo. Para mí, la escritura no es solo un hobby; es mi manera de vivir, de ser. Es el modo en que lidio con el mundo, el arma con la que combato a mis demonios internos.

No escribo para ser un superventas ni para ser recordado; eso ya será consecuencia de mi constancia. Escribo porque es lo que soy. La escritura es mi voz, una que lucha por hacerse oír en un mundo donde triunfa la locuacidad.

Este libro es el más personal que he escrito. Me sincero como nunca antes. Me libero de todos los prejuicios e inseguridades que me impiden ser feliz.

No me costó encontrar el título adecuado, Alas de liberación. Surgió al contemplar la idea de escribir un último libro, uno que hablara de mis traumas y de cómo los superé, de cómo los dejé volar libres, de cómo aprendí a vivir con ellos.

Tú, querido lector, no sé si leíste mis dos primeros libros: Canciones de mi alma y Todo va a salir bien. Ambos relatan mi duro comienzo. Este último me acompaña a lo largo del oscuro túnel, y me guía hacia la salida, hacia la luz.

Espero que puedas acompañarme hasta el final del túnel, y que juntos podamos salir de él como personas más fuertes, más libres, más completas.

Un abrazo.

EL POZO

Caí,
no por accidente,
sino por pasos míos,
por decisiones tomadas con los ojos cerrados
y el corazón latiendo demasiado fuerte.

Ahora estoy aquí,
en este pozo oscuro
donde la culpa me visita,
pero el arrepentimiento no se queda.
Los moratones hablan más que el silencio,
me han enseñado cosas que el sol nunca dice.

He pedido una mano,
una mano amable
que me guíe hacia la luz,
que me recuerde cómo se ve el cielo
cuando uno deja de mirar hacia abajo.

No creo poder escalar solo,
aunque me pesa esta costumbre
de necesitar siempre rescate,
de esperar siempre la cuerda ajena
en vez de construir la mía.

Pero algo cambia…
una chispa,
una fuerza que no grita, pero insiste.
Estoy cansado,
sí,
pero también más fuerte.

Solo necesito confiar.
No rendirme.
Perdonarme por caer
y celebrar que aún quiero subir.

Porque este pozo,
aunque profundo,
no será mi tumba.
Será el lugar desde donde
empecé a volar.

Cuando pedir ayuda se siente difícil

A veces, pedir ayuda se me hace un mundo.
No porque no la necesite,
sino porque algo en mí susurra
que no serviría de nada.

Pienso que los demás ya cargan
con suficientes fuegos que apagar,
que llevan sobre la espalda su propia carga,
como para que yo les arroje también la mía.

Así me convenzo en silencio
de que es mejor callar,
resistir un poco más,
aguantar el agua que va subiendo.

Pero luego, en esos fugaces instantes
de claridad que llegan como un suspiro,
me pregunto:
¿Quién soy yo para decidir por los demás?
¿Quién me otorgó el derecho de pensar
que nadie querría tenderme la mano?
No todos los corazones se cansan de dar…
Y, a veces, tender una mano salva también
al que la ofrece.

No esperaré a ahogarme,
ni a que el agua me cubra hasta el cuello.
Aprenderé a hablar antes, a lanzar mi voz al viento,
a gritar, aunque nadie vea mi boca.
Y confiaré…
en que alguien la escuche
y, si puede, corra a estar ahí para mí.

CONVERSACIONES CON LA OSCURIDAD

Quizá no habría tenido tanto miedo
si alguien me hubiera enseñado
que no toda sombra quiere devorarte,
que a veces la noche solo quiere que la escuches.

Tal vez si mi madre me hubiera dicho
que la oscuridad no es castigo,
y mi padre me hubiera mostrado
cómo encender luciérnagas en el pecho,
habría caminado sin temblar
cuando el mundo apagaba sus farolas.

Pero aprendí solo,
como un niño que cae al pozo
y descubre que los ecos no responden.
Aprendí que, si no luchas,
la negrura se cuela por la piel
y se te instala en el alma
como un huésped silencioso.

Ojalá hubiera tenido una mano
que guiara la mía en la penumbra.
Alguien que susurrara:
«No corras, no temas, ya casi amaneces».

Recuerdo únicamente
mis pies descalzos en el frío del suelo,
el silencio sin refugio,
los ojos perdidos en la nada,
y un corazón aferrado a la última chispa
que se negaba a morir.

Aprendí a no mendigar la luz,
a hablarle a la sombra sin dejarme atrapar.
Pero lo que más anhelo
—lo que aún me quema por dentro—
es quedarme en la claridad,
aunque sea un instante,
lo suficiente para descubrir
que también yo puedo brillar.

Solo te tienes a ti

Papá se irá
con su silencio a cuestas,
como quien se despide sin querer marcharse.

Mamá también partirá,
llevándose en los ojos la ternura de los días
que ya no vuelven.

Los amigos tomarán caminos distintos,
dibujarán sus propias rutas en mapas
donde ya no estás.
Y la infancia…
La infancia se irá desvaneciendo
como un sueño al despertar.

Uno a uno, los pilares caen,
los abrazos se enfrían,
las risas se apagan en fotografías viejas.

Y entonces quedas tú.
Solo tú,
con tus miedos, cicatrices
y esa voz interior que te pide resistir.

Solo te tienes a ti.
Y eso, aunque duela, también puede ser libertad.

Porque la vida es breve,
pero tú estás vivo.
Y mientras estés aquí,
aún puedes aprender a volar.

Cuando Narnia cerró sus puertas

Prometimos no separarnos nunca.
Éramos críos, con la risa fácil
y el corazón lleno de inviernos por conquistar.
Nos juramos eternidad en una tarde cualquiera,
con las manos sucias de tierra
y la cabeza llena de magia.

Éramos los mejores amigos,
nosotros contra el mundo,
sin temor a monstruos ni oscuridades.
Cruzamos el armario imaginario
y enfrentamos juntos a la Bruja Blanca.
Éramos los reyes secretos de Narnia,
los guardianes del bien, los héroes del cuento.

No había dolor que nos alcanzara,
ni batalla que temiésemos perder.
Forjamos la amistad en la risa, en el juego,
en la certeza de que siempre estaríamos allí,
uno al lado del otro.

Pero el tiempo
—ese enemigo sin rostro—
llegó sin aviso.
Crecimos,
y con cada año
el armario se volvió más pequeño,
más ajeno, más cerrado.

Un día, sin darnos cuenta,
salvamos Narnia por última vez.
Y al regresar al mundo real,
la promesa quedó atrás,
olvidada entre ramas y nieve derretida.

La vida fue más feroz que cualquier criatura,
más fría que los inviernos eternos.
Y vosotros, mis hermanos de batallas,
os fuisteis por caminos distintos.
Yo también me perdí.

Nos venció la muerte,
nos venció el silencio,
nos venció el crecer.
Y Aslan ya no respondía nuestras plegarias.

Hubo días en que quise rendirme,
porque sin mis compañeros de guerra
la derrota se volvía cotidiana
y el mundo, aún más gris.

Pero cuando el dolor pesa más que la memoria,
vuelvo al principio, a esa tarde,
al juramento entre risas.
Y entiendo que aún vivía aquí,
en este pecho que nunca soltó vuestros nombres.

La promesa no murió,
solo cambió de forma.
Porque cuando no estáis conmigo,
seguís en mí.
Y eso —aunque no baste—
es suficiente para no olvidaros.

CRUSH FATAL

Siempre me gustaste tú.
Tú, que no me hacías ni caso.
Tú, que te sentaste a mi lado
en primero de secundaria,
y sin decir nada ya habías ganado.
Tenías esa forma de mirar
como si supieras todo,
como si el mundo girara un poco más lento
cuando tú parpadeabas.

Yo era un chico imberbe,
recién estrenando hormonas y torpezas,
que te miraba como quien ve el fuego
por primera vez:
con miedo, con asombro, con ganas de tocar.

Tú sonreías con picardía,
como si jugaras a un juego
donde solo tú conocieras las reglas.
Y yo, feliz,
con tal de jugar, aceptaba perder.

Me manipulabas con regalos invisibles:
una palabra ambigua,
un roce accidental,
una promesa escondida en la forma
en que cruzabas las piernas…
Nada concreto. Todo calculado.

Salías con los populares,
te besabas con los guapos del curso,
pero querías también una fila de admiradores,
y ahí estaba yo,
fiel, discreto, invisible,
esperando que por error me eligieras.

Nunca lo hiciste.
Y hoy, desde esta distancia
donde ya no dueles,
me río.
Me río de mí,
de mi ingenuidad,
de ese amor adolescente
que confundía migajas con banquetes.

Fuiste mi primer desamor.
El primero que no se pronuncia en voz alta,
el que uno guarda como una vieja carta
que no se envió.

Pero también fuiste mi primera gran elección:
a veces, el amor no es recíproco,
y está bien.
Porque no todo lo que brilla es para ti,
y no por eso deja de ser luz.

SER SOLO UN AMIGO

Durante años me acerqué a las mujeres
creyendo que buscaba amistad,
cuando, en realidad, mi corazón esperaba
algo que aún no sabía nombrar.

Me acercaba creyendo en la amistad,
pero mis manos temblaban con deseo
que no sabía nombrar.
Me mentía, y a ellas también,
con palabras suaves que acariciaban
y heridas que escondían,
miradas largas que contaban secretos
que no debía mirar,
gestos que hablaban más
de lo que podía comprender.

No supe ser amigo:
confundía la ternura con puertas abiertas,
el cariño con promesas que nunca existieron.
Quería más de lo que podían darme,
y cuando no lo recibía, dolía,
como si el mundo me debiera lo que no ofreció.

Pero un día, sin drama, solo silencio,
dejé de buscar lo que no era mío.

Descubrí que quería otra cosa:
una amistad real.
Tomar su mano sin que tiemble la mía,
abrazarlas sin convertirlo en deseo,
estar sin esperar.
Aprender a mirar sin segundas intenciones,
a escuchar sin querer convencer,
a acompañar sin poseer.

A amarlas como son,
con respeto,
con cuidado,
como hijas de Dios,
como almas completas,
no como mitades de mi vacío.

Sin últimas palabras

Mi madre ya no está.
Y me costó entenderlo,
no porque muriera —todos mueren—,
sino porque mi mente no quería aceptar
que un «para siempre» es de verdad para siempre.

A veces me pregunto
qué pensó cuando le llegó la hora.
¿Le pidió a la muerte un poco más de tiempo?
¿Unos minutos tan solo para abrazar a sus hijos,
para decir adiós sin decirlo?

No lo sé.
Y quizá nunca lo sepa,
porque no estuve allí,
cuando dejó este mundo sin ruido,
como quien se queda dormida
creyendo que va a despertar.

Confió en la persona equivocada
para aliviar su dolor,
un dolor que ya no la dejaba vivir,
que la quebraba por dentro,
mientras todos pensábamos que aún resistía.

Quisiera saber qué pasó en aquella curandería,
qué palabras se dijeron,
qué silencio llenó la habitación.
Quisiera saberlo con desesperación,
pero ya nada puede alterar el resultado:
mi madre está muerta.
Y esa, aunque duela, es la única verdad.

No tengo respuestas.
Solo este hueco que no se llena,
estas preguntas que no se contestan.

Pero sé algo.
Sé que ella querría que yo fuera feliz,
que siguiera con mi vida,
que la viviera con fuerza,
con risa,
con plenitud.

Que no me quedara atrapado
en el instante en que se fue.
Que no viviera en lo que no estuve ahí
para ver.

CARTA EN UNA BOTELLA

Hubo un tiempo
en que estaba destinado al desastre.
Tomaba decisiones
como quien lanza piedras al agua,
sin pensar en las ondas, sin mirar atrás.

Erré, muchas veces.
Herí, incluso sin querer.
Y me herí también, con cada renuncia,
con cada intento de escapar de mí mismo.

No me gustan muchas de las decisiones que tomé,
pero he aprendido a no odiarlas.
Porque sin ellas no estaría aquí,
en este presente torcido,
imperfecto,
pero lleno de luz.

Si pudiera,
le mandaría un mensaje a ese yo temeroso
que caminaba con la espalda cargada de culpas.
Una botella,
flotando en las aguas del tiempo,
con un papel arrugado que dijera:
«No tengas miedo.
Todo saldrá bien.

Sigue hacia delante».

Y aunque sé que no lo recibiría,
me gusta pensar que ese mensaje
llegó de otro modo:
en una canción escuchada al azar,
en el abrazo de alguien que no fue,
en el día que, por primera vez,
decidí no rendirme.

Ha llovido mucho desde entonces.
Tanta agua cayó
que aprendí a nadar.

Hoy no soy perfecto,
pero soy mío.
Hoy intento vivir sin tanto peso,
con más amor del que creí merecer.
Y cuando miro atrás ya no me juzgo:
me entiendo
y me abrazo.

EL CHICO EN LA TORRE

Había un chico,
con sueños grandes y palabras atascadas,
que miraba la vida desde una torre alta,
sin barrotes,
pero con miedo en cada piedra.

Le gustaban los amaneceres,
las canciones que no se atrevía a cantar,
y una chica de ojos claros
a la que nunca se animó a mirar de frente.
«¿Y si se ríe de mí?
¿Y si todos lo saben?
¿Y si no soy suficiente?».

Se hacía esas preguntas
mientras la vida, con pasos silenciosos,
le ofrecía momentos hermosos
que él dejaba pasar.

Como Rapunzel,
esperaba que una voz le dijera
«puedes bajar, ya es seguro»,
pero esa voz nunca venía.
Porque la madrastra no estaba afuera,
vivía dentro de él,
hecha de inseguridades, recuerdos y dudas.

Un día
la chica que tanto miraba desde lejos
se fue.
Se enamoró de otro,
de alguien que sí bajó las escaleras,
que sí arriesgó un «hola» sin garantías.

Y al chico le dolió más que el rechazo,
le dolió el silencio.
Le dolió no haberlo intentado.

Esa noche lloró en su torre,
pero no de miedo,
sino de rabia consigo mismo.

Y fue entonces cuando entendió
que el miedo no se vence con promesas,
se vence con pasos,
con la puerta abierta,
con la voz firme que dice «ahora».

Desde entonces,
ya no pide permiso para vivir.
El chico que fui —ese que callaba—
ya no me domina.
Hoy camino con él,
pero soy yo quien elige el rumbo.

PEQUEÑAS ETERNIDADES

Pensé que la felicidad llegaba envuelta
en fuegos artificiales:
el primer llanto de un hijo,
la toga al viento de una graduación,
el brillo dorado de un ascenso…

Pero hoy, con la piel marcada por los días,
me doy cuenta de que la verdadera dicha
habita en lo invisible,
en lo que no se anuncia,
en lo que no grita.

Está en la taza de café que sabe a hogar,
en el silencio compartido sin necesidad de palabras,
en una risa que brota sin motivo.

No niego el valor de los grandes momentos,
pero pasan tan deprisa que a veces
se nos escapan entre los dedos.

La felicidad —quizá—
no se busca,
no se alcanza,
se respira.
Es sentarse en el sofá un sábado de verano,
palomitas en mano y una serie
que te hace olvidar el mundo.

Tan simple.
Tan pleno.
Tan nuestro…

Aún no estoy listo

He pasado la vida entera esperando crecer,
anhelando el día en que forme mi propia familia,
mi pequeño mundo.

Casi rozo los treinta,
pero no estoy listo todavía.
Hay más heridas en mí de las que recordaba,
cicatrices que nunca llegaron a serlo,
dolores que aún duelen como el primer día.

No puedo entregarme al amor
con estas grietas abiertas.
No quiero ser un esposo roto,
un padre herido,
que sin querer herede sus sombras
a quienes más ame.

He soñado tantas veces con conocer
a la madre de mis hijos,
con construir un hogar entre risas,
pero ese momento deberá esperar.
Mi alma aún no ha soltado los traumas
que arrastra desde siempre.

Quiero ser mejor que quienes me hirieron.
Quiero romper el ciclo y convertirme en un refugio.
Ser un lugar seguro para ella,
para nuestros hijos,
para todos los futuros que soñemos juntos.

Un lugar sin miedo,
con esperanza.
Un hogar que sane.

LO QUE NO QUIERO,
LO QUE SUEÑO

He escuchado historias,
he visto encuentros fugaces
en moteles sin nombre,
en rincones de sombra
donde el amor no se pronuncia.

He visto cuerpos tocarse sin conocerse,
miradas cruzarse brevemente en reservados oscuros,
para después perderse entre el gentío,
como si nada hubiera pasado.

He oído promesas entrecortadas
en llamadas a escondidas,
y besos dados a medias
por miedo a ser descubiertos.
He sentido el paso del tiempo
marcado por relojes
más que por caricias.

Y no quiero eso contigo.

No quiero que seamos
una prisa,
una escapada,
una noche sin historia…

No quiero amarte en un motel,
ni desvestirte en una discoteca,
ni buscar tus labios
con el alma a medias,
porque no nos pertenece el momento.

Quiero que seas mi casa.
Quiero aprenderte
como quien recorre una ciudad sin mapa,
lentamente,
con los ojos llenos de asombro.

Quiero que nos amemos
sin miedo ni relojes,
con el cuerpo, sí,
pero también con las palabras,
los silencios,
las risas compartidas después del desayuno.

Quiero verte dormir
y saber que el amanecer nos pertenece.

No deseo solo tu piel.
Quiero tu tiempo,
tu calma,
tu verdad.

Y que la primera vez
sea eso:
el principio
de todo lo que nunca será fugaz.

ALGO SE DESPIERTA

No recuerdo la última vez
que me sentí verdaderamente vivo.
No hablo de respirar,
ni de cumplir con lo que se espera.
Hablo de eso que arde por dentro,
como si el mundo pudiera caberme en el pecho.

A veces, no quiero hacer lo correcto.
Quisiera seguir la voz que susurra desde dentro,
la que me pide que corra,
que salte, que me pierda.

Buscar desafíos que me digan:
«Aquí estás, aún no estás muerto».

Pero lo salvaje…
siempre me ha asustado.

Nunca crucé ese umbral,
el que lleva al rincón más oscuro de mí.
Tenía miedo de no volver,
de quedarme allí, transformado.

Nunca conocí a esa bestia dormida en mi alma,
aunque sentía su aliento en sueños.
Y, sin embargo, ahora algo palpita.

Un hormigueo,
como un presagio,
como una chispa bajo la piel.
Siento que hay una parte de mí
que ha empezado a rebelarse.

Y no sé si regresaré
si me adentro en ese bosque.
Pero por primera vez en mucho tiempo
no quiero retroceder.

DESPEDIDA AL SOL

Ya no puedo contenerme más.
He vivido años con los pies anclados
al suelo tibio de lo seguro,
respirando la rutina como si fuera aire puro.
Pero hay un fuego
que ahora arde en el pecho.

Lo veo en otros,
en quienes ríen
con las manos manchadas de locura,
que aman sin promesas
y saltan sin calcular la caída.
Los envidio con ternura,
como se envidia un sol que no es de uno.

Ojalá me revelaran el secreto:
¿dónde se aprende a vivir sin miedo?

Yo, en cambio, mido cada paso,
como si el abismo estuviera en todas partes.
Pero algo ha cambiado:
por primera vez,
no me importa si caigo.

Quiero ser como Ícaro.
No el niño imprudente, no el castigo del mito,
sino el alma que, por un instante,
tocó el oro del cielo con las yemas de sus alas.
Quiero volar directo al sol,
sin negociar con el miedo,
sin rendirme al eco de las advertencias.

Ya no quiero obedecer al vértigo,
ni esperar mi permiso para ser libre.

Sí, tal vez arderé.
Tal vez mis alas de deseo se deshagan
bajo la mirada inclemente del astro.
Pero qué importa…

Prefiero consumirme
que seguir siendo una desazón.

Me iré como Ícaro,
pero no como castigo, sino como himno.

Desafiaré a la reina de las estrellas,
y aunque me convierta en cenizas,
el viento sabrá mi nombre.

PERDONARTE ES SALVARME

No quiero odiarte, padre.
No quiero que el rencor me habite
como te habitaron a ti los silencios.

Me estremezco al tenderte la mano,
al hombre que no espantó a los monstruos
que esperaban en mi armario
a que cerrara los ojos.

Años han pasado,
y aún intento descifrar
qué motivo te llevó a rendirte,
a renunciar a quererme,
a no alzarte entre el mundo y mi miedo.

Pero no, no te odio.
Aunque tus ausencias aún retumben
como pasos en una casa vacía,
yo elijo perdonarte.

Elijo hoy, no ayer.
Elijo ser quien extiende la mano
al hombre que cayó,
y tal vez aprendió.

Hoy te ofrezco un abrazo.
No como hijo que olvida,
sino como alma que, herida,
decide no convertirse en oscuridad.

Hoy abrazo al hombre
que un día renunció a quererme
y que, aun así,
recibe mi perdón.

SE HACE ETERNO SOLO SI SE CUIDA

Pensé que el amor era para siempre,
como un fuego eterno,
como esas historias que terminan
en «felices por siempre».

Y me relajé.
Aflojé la entrega, descuidé los detalles,
pensé que ya todo estaba hecho.
Y entonces… me rompieron el corazón.

No sabía que el amor no se guarda en una vitrina,
que no basta con alcanzarlo: hay que sostenerlo,
regarlo como a un jardín caprichoso,
defenderlo de la rutina, del olvido, de uno mismo.

Fui ingenuo.
Creí que sentir era suficiente.
Que una vez que alguien te ama,
el amor se queda por sí solo.

Pero aprendí.
Con cada grieta del alma,
con cada noche en silencio,
aprendí a valorar, a proteger,
a mirar con otros ojos
lo que antes daba por hecho.

Y ahora lo sé:
el amor no es eterno por naturaleza;
se hace eterno solo cuando se cuida.

Aunque me rompa

¿De qué vale repararme,
si sé que volveré a romperme?
Lo he pensado mil veces,
en madrugadas en que el alma muge
como madera vieja bajo la lluvia.

He pasado años luchando
por seguir en el buen camino,
ese sendero recto que otros trazaron
con reglas que no entiendo,
pero que, aun así, he intentado seguir.

Y me pregunto:
¿somos acaso incorregibles?
¿Estamos condenados a desviarnos una y otra vez,
como un río que olvida su cauce?

He dado tanto de mí para no caer,
para no quebrarme,
que ahora me asusta el sonido
de una sola fisura.

Porque temo romperme del todo
y no saber cómo unir los pedazos
o, peor aún, que, al pegarlos,
ya no encajen como antes.

Pero así es la vida,
un cielo de roturas y reparaciones,
una danza entre el dolor y la resistencia.
Y aunque me pese,
seguiré reparándome cada vez que me rompa.

Porque, aun roto, sigo siendo yo.
Y en cada reconstrucción,
descubro que tal vez
no estoy volviendo a ser
el mismo,
sino algo nuevo.
Algo más fuerte.
Algo más verdadero.

El legado de mis cicatrices

52

Me gusta pensar
que lo he dado todo para ser feliz,
que luché, sin tregua,
contra los ecos oscuros de mi infancia.

Quiero creer que mis cicatrices ya no duelen,
que se han vuelto marcas suaves
de un tiempo que no volverá.

Me consuela saber que lo que quedará de mí
no será el llanto,
sino el cambio.

Que no se hablará del niño herido,
sino del hombre que decidió curarse.

Estoy en paz,
porque, por fin,
he dejado atrás mis temores,
mis inseguridades,
mi dolor.

Y en su lugar
he aprendido a quedarme
en la luz.

La última rendición

El día que me cansé de rendirme
no hubo aplausos,
ni luces,
ni testigos.

Solo yo
frente al espejo,
con los ojos turbios
y el alma hecha trizas.

Estaba harto.
Harto de fingir que no dolía,
de tragar palabras que quería gritar,
de decir «sí» para evitar tormentas,
cuando la verdadera tormenta vivía en mi pecho.

Había aprendido a ceder,
a encogerme para caber,
a negar mis sueños para sostener los de otros.
Y en ese intento por agradar me fui perdiendo.

Pero algo cambió.
Tal vez fue el silencio de esa noche,
o el cansancio de no ser yo.
Sentí que si no reaccionaba,
me iba a romper del todo.

Así que me prometí una última rendición:
rendirme a mí.
A mi verdad.
A mis ganas de volar,
aunque nadie entendiera mis alas.

Decidí llorar, sí,
pero solo de emoción.
De llegar donde me dijeron que no podía.
De ser lo que escondí por miedo.
De ganar batallas que solo yo conocía.

Ya no más «sí» para complacer,
ni «no» para no fallar.
Ya sé quién soy,
y eso… basta.

Y claro que me rendiré,
pero no hoy.
Ni mañana.
Solo cuando el mundo me cierre los ojos
y el corazón diga
que ya es hora de descansar.

PÉTALOS EN LUGAR DE PALABRAS

55

De niño veía a los mayores regalar flores:
en aniversarios,
en nacimientos,
en funerales,
también como un gesto de amor.

Cada pétalo era un secreto
que yo no entendía,
un susurro que decía más que mil palabras.

Hoy, en un mundo que corre
y envuelve los regalos en papel y mensajería,
me pregunto:
¿por qué se marchitan los gestos
que no se pueden tocar?

Y siento que con cada flor que dejamos de dar
se escapa un poco de nuestra ternura.

¿Será que ahora eso es de románticos
sensibles,
o pusilánimes?

¿Tan raro es decir «te quiero»
con pétalos,
en lugar de con palabras?

Yo no quiero que eso se pierda.

Por eso voy a regalarte flores.
Flores,
no por la idea —aunque tal vez un poco sí—,
no por resistirme —aunque no puedo—,
sino por la belleza de cortar una rosa
y entregarla como quien confiesa:
me haces feliz.

Feliz como las flores
cuando llega la primavera,
como el campo
cuando vuelve a vestirse de color.

Voy a regalarte flores.
Flores,
para que sepas —aunque me calle a veces—
que te quiero.

Y en un mundo que olvida lo simple,
yo elijo recordarlo contigo.

Cuando aprendí a bailar bajo la lluvia

Hasta hace poco
andaba a ciegas por la vida,
rodeado de belleza, de instantes
que merecían guardarse,
de personas que me querían.
Y, aun así, no los veía.
No era falta de amor, era la costumbre,
esa mesura que adormece los días
y apaga el resplandor de lo que importa.

Tuve que arriesgar aquello
por lo que tanto había luchado,
sentir el vértigo de perderlo todo
para descubrir su verdadero valor.

No fue sencillo:
abandonar mi refugio
fue como saltar al vacío
con los ojos cerrados,
esperando que el viento
se apiadara de mi caída.

Pero allá afuera,
en medio de la tormenta,
cuando el viento me azotó la cara
y el suelo tembló bajo mis pies,
descubrí algo que nunca había sentido antes.

No era miedo.
Era vida.
Era ese pulso fuerte, salvaje,
que te recuerda que estás aquí
para algo más que sobrevivir.

Entonces sucedió lo improbable:
comencé a danzar bajo la lluvia.
No porque cesara la tormenta,
sino porque entendí que también la luz
puede nacer entre relámpagos.

Me empapé por completo,
pero ya no temía al frío:
la alegría me atravesaba la piel,
me habitaba los huesos.
Era otra forma de dicha,
no la cómoda ilusión del refugio,
sino la verdad desnuda del vivir.

Fue ahí —justo ahí—
cuando entendí:
arriesgar no siempre significa perder.
Que el miedo, si lo escuchas demasiado,
te roba lo que ya tienes
y lo que aún podrías alcanzar.

A veces hay que mojarse,
dejar que la lluvia te atraviese,
que el viento te sacuda como ramas viejas,
hasta que los ojos se abran
y veas que el mundo
—el verdadero, el profundo, el hermoso—
comienza justo donde termina
tu zona de confort.

Cicatrices de luz

Nunca podré despedirme de mis demonios,
pues todos los llevamos dentro.

Pero hoy puedo decir
que estoy curado de ellos:
siguen en mí, silenciosos,
mientras mis ángeles toman las riendas
y guían cada decisión.

Mis heridas,
antes abismos insondables,
se han transformado en cicatrices
que narran mi historia
de lucha, de caída, de resurgir.

Estoy listo para decir sí al perdón,
para abrazarlo como sanación del dolor
que traje del pasado.

Hoy grito sin miedo,
porque ya no soy un superviviente.
Soy un hombre vivo,
libre,
renacido en cada latido
y, finalmente, dueño de mi propia luz.

DONDE NO LLEGA LA BELLEZA LLEGA LA VALENTÍA

Cuando era niño,
escuchaba a los adultos
repetir que lo único sin remedio
era la muerte.
Y yo lo creí con la certeza
de quien no sabe del mundo.

Por eso nunca entendí los divorcios:
esas despedidas silenciosas,
frías,
donde las promesas de ayer
se convierten en ecos vacíos.

Si no era la muerte,
¿por qué no luchar por lo que duele?

Quiero casarme y quedarme,
caminar con ella bajo el sol que acaricia
y las tormentas que arrasan,
seguir entrelazando nuestras manos,
aunque el frío nos traspase la piel,
aunque los pies nos griten cansancio.

Quiero llegar con ella al final del camino,
exhaustos, pero en calma,
sabiendo que dimos todo,
que cada paso valió la pena.

No me basta una cara bonita:
quiero una mujer fuerte,
que no se rinda ante el derrumbe,
que no huya cuando solo quede polvo
y ganas de reconstruir,
que transforme cada ruina
en cimientos para seguir.

Quiero una compañera valiente,
que enfrente el dolor sin dar un paso atrás,
que ame como quien elige quedarse,
una y otra vez, a pesar de todo.

No busco perfección,
sino lealtad,
y la certeza de que si la muerte
es lo único sin solución,
lo demás lo enfrentaremos juntos,
mano a mano, hasta el final.

LA CHICA SALVAJE

No sé por qué,
pero siempre me ha atraído
esa chica alocada,
de cabello suelto
que danza al viento
como si nada pudiera atarla.

La de ojos salvajes,
mirada indomable,
que se salta las reglas
por puro placer,
y ríe como si el mundo
no pudiera alcanzarla.

Ella es fuego,
y yo, madera seca.
Me consume,
me fascina,
me arrastra.

Yo siempre he sido el buen tipo,
más bueno que el pan,
cuidadoso, correcto,
con miedo a decepcionar,
de sonrisa medida,
de pasos suaves.

Tal vez por eso me atrae:
porque es caos donde yo soy orden,
tormenta donde yo soy calma.

Ella se desnuda sin pudor
y se lanza a un lago
en plena naturaleza,
como si el mundo le perteneciera.
Y yo la miro,
desde la orilla,
mojándome solo los pies
por miedo a la profundidad.

Me gusta,
porque me recuerda
que la vida no espera,
que se quema,
que se va.

Ella despierta la llama
que duerme en mi pecho,
y por un momento,
cuando me mira,
también yo me siento vivo.

La caja de Pandora

Éramos felices.
No teníamos nada,
solo a nosotros,
y eso bastaba.

Jugábamos hasta que el sol se rendía,
hasta que el cansancio nos cerraba los párpados
como si fueran alas.

Éramos felices con poco:
las sonrisas,
las carreras sin destino,
el helado escurriéndose
por la comisura de los labios.

Aún faltaba para que llegaran
los prejuicios,
los celos,
la envidia,
y nos arrebatara la inocencia
como quien arranca una flor.

No sabíamos lo que teníamos
hasta que dejó de existir.
No supimos que era magia
hasta que se desvaneció
con el primer beso.

Ese beso,
el que abre la caja de Pandora,
el que convierte la risa en deseo
y la curiosidad en piel.

Y entonces,
el anhelo ya no se conforma con miradas;
quiere roce,
quiere más,
quiere todo.

Y la culpa aparece
como una sombra que no se despega,
rutinaria, sorda, constante.

Los padres,
antes aliados de las tardes largas,
ahora se vuelven muros,
barreras en el camino hacia esa libertad
que empieza en el cuerpo y arde en el alma.

Todo se volvió complicado.
Ya no bastaban las palabras simples ni los juegos.
Y aunque parezcamos adultos,
independientes, seguros,
en el fondo queda un niño
esperando a que amaine la lluvia
para volver a salir a jugar.

Amar sin miedo

No recuerdo el momento exacto
en que dejé de ser niño…
Solo me descubrí, de pronto,
en los albores de la pubertad,
demasiado grande para derramar lágrimas
por migas de cariño,
demasiado pronto para no aprender
que el mundo a veces duele
antes de enseñarte a amar.

El tiempo no me dio la condicional.
Cumplí condena por un delito que no cometí:
la ausencia de papá y mamá,
las deudas de un amor que nunca llegó,
los intereses de abrazos que me fueron negados.

¿Cómo ama quien apenas fue amado?
Tal vez deba volver,
adentrarme entre los escombros de mi infancia
y rescatar algún abrazo perdido,
convertirlo en semilla,
plantarlo en la tierra de mi corazón.

Regarlo con paciencia,
dejando que la lluvia y el sol
hagan su milagro,
hasta que florezca algo noble y hermoso.

Tal vez no supe querer,
porque en mis días más frágiles
nadie encendió luz en mi oscuridad.

Y, aun así,
estoy aprendiendo a querer,
a soltar cadenas,
a abrir las manos
y dejar que el corazón
aprenda de nuevo a latir.

Un abrazo que no abandona

Siempre necesité del amor
para no detenerme.
Lo buscaba como el aire
que falta bajo el agua,
como el cuerpo que tirita
en medio de la tormenta
y se abre, ansioso de abrigo.

Me entregaba demasiado pronto,
me bastaba un destello de atención
para inventar refugios,
para levantar palacios
sobre un puñado de migajas.

Llevaba dentro un ego frágil,
una cúpula de cristal
que se agrietaba en silencio
cuando le faltaba su ración de ternura.

Para avanzar necesitaba la confianza de otros.
Pero a veces quienes debían quererme
se ausentaban,
dejando promesas suspendidas en el aire.

A veces, simplemente, no estaban.

Y el vacío se extendía,
frío y vasto,
llenando los huecos que nadie quiso habitar.

Entonces comprendí una verdad incómoda:
no podía sostenerme con el amor prestado.

Las manos ajenas no siempre acuden
cuando uno cae.
Las palabras no siempre llegan
cuando el silencio es más hondo que la herida.

Tuve que buscar algo más.
Algo más firme, más eterno.
Una raíz que no tiemble con el viento,
una presencia que no se disuelva al anochecer.

Y fue entonces,
en medio de la hendidura,
cuando apareció Dios:
silencioso,
luminoso,
inalcanzable y cercano a la vez,
como el agua que calma,
como el fuego que nunca se apaga.

No como un trueno,
ni como un milagro resplandeciente,
sino como un susurro sereno
en lo más profundo del alma.

Allí encontré
el amor que tanto anhelaba.

Un amor que no pide,
que no mide,
que no abandona.

Un amor tan fuerte
que me sacó del precipicio,
tan poderoso
que bastó para llenar todas mis carencias,
para calmar la sed
de tantos años.

Ahora camino distinto:
no buscando quien me salve,
sino sabiendo que, incluso si tropiezo,
hay un abrazo infinito
esperándome.

MANZANA PROHIBIDA

Tal vez suene a cliché,
pero la primera vez que te miré
pensé —sin exagerar—
que eras la mujer más hermosa
que había visto en mi vida.

Y dos años después,
lo sigo pensando,
aunque sé que no debería.

He intentado olvidarte,
pero mi corazón, caprichoso,
se aferra a ti
como el sol a la mañana.
Se niega a soltarte,
como si la ausencia
perdiera el sentido del pulso.

Tu sonrisa,
tus ojos color avellana,
los tengo grabados
como tatuajes en la memoria.
Tus labios, idealizados,
viven en un rincón
donde aún no ha llegado el olvido.

Es un quiero y no puedo,
una guerra sin tregua.
No sé si lo que me haces sentir
es amor o castigo,
si quiero habitar tu piel
o escapar de ella a tiempo.

No sé amar a medias,
y, sin embargo, aquí estoy,
deseando ese viaje peligroso
que me llevaría a ti,
aunque el precio sea mi propia paz.

Eres la manzana prohibida,
y lo sé: morderte
me haría más daño que bien,
pero no hay día
que no lo desee.

LA CASA QUE SEREMOS

No quiero correr.
No ahora.
Ya correremos,
cuando el mundo nos pida prisa
y nuestros hijos echen a volar entre risas
y montañas con nombres
que aún no sabemos pronunciar.

No quiero hacerte el amor… todavía.
No por falta de ganas,
sino porque prefiero el rito,
el espacio lento entre miradas
que se posan como pájaros y no se asustan.

Quiero una historia
que se construya sin urgencias.
Una casa sin techos falsos,
un nosotros que se descubra
como quien explora una cueva
con linterna en mano,
celebrando cada veta de oro,
cada rincón que huele a tiempo.

Habrá días para la prisa,
para el deseo encendido que no sabe esperar;
para desnudarnos entre risas
cuando falten cinco minutos
para que los niños vuelvan del colegio
y se escuche el crujido del portón
como un disparo de salida.

Pero en este momento,
quiero sentarme a tu lado
y que me hables de tus días más tristes,
de los libros que dejaste a medias,
de las veces que no supiste pedir ayuda.

Quiero verte,
antes de tocarte.
Quiero que me habites,
antes de habitar tu piel.

Y cuando el fuego esté listo,
cuando lo nuestro ya tenga el sabor
de lo que se ha esperado,
entonces sí:
seremos casa,
seremos cuerpo,
seremos historia.

INDOMABLE

Nadie sabe lo que siento,
lo que pienso en las noches en silencio,
lo que quiero cuando todo el mundo grita.

Pero se atreven —con voz firme,
gesto sabio y mirada ajena—
a decirme cómo debería vivir mi vida.
Se acercan con recetas,
con los moldes,
con mapas dibujados por otros.

Quieren arreglarme,
pulirme los bordes,
suavizar mis heridas,
borrar mis aristas,
hasta que ya no quede nada de mí.

Quieren mi mente,
mis emociones más crudas,
la forma en que veo el cielo, el amor,
el dolor, la esperanza…

Quieren cambiarme.
No lo permitiré.

No me esconderé.
No me disfrazaré.
Seré yo:
sombras, luces,
con mis ideas tercas
y mi forma de ver y sentir el mundo.

Ya no soy un niño.
No dejaré que nadie encadene mi voz,
ni que vista mis pensamientos con ropas ajenas,
ni que me dicte qué sentir,
qué amar,
qué temer.

Voy a reclamar mi vida,
a arrancarla de las manos frías de la costumbre,
de los ojos que juzgan,
de las palabras que jamás pedí.

La guiaré de nuevo,
como un río que encuentra su cauce,
como un ave que vuelve al nido.

La llevaré a casa:
a mi verdad,
a mi destino,
a mí.

LAS VECES QUE ME DIJERON «TE QUIERO»

Puedo contarlas,
una a una, como piedras que caben en la palma.
Los «te quiero» que escuché
no alcanzan a vestir mis dos manos.

Y, aun así,
me quedé años enteros aguardando en silencio,
como quien espera lluvia
en un desierto que nunca llega.

Creí que esas dos palabras
eran la llave secreta del amor,
el espejo donde mi valor se revelaba,
la señal de que, en algún rincón del mundo,
alguien sabía mirarme de verdad.

Porque sí, todos necesitamos escucharlo a veces:
«Te quiero».
Tan breve.
Tan cálido.
Tan frágil como el cristal
y tan fuerte como un abrazo cuando duele.

Me hacían falta.
Y cuando no llegaban,
me fui hundiendo sin notarlo,
como piedra en un río sin fondo,
creyendo que el silencio era un tribunal
que me condenaba.

Las palabras
—benditas o malditas—
pueden alzarnos, pueden quebrarnos.
A veces basta una sola frase
para salvar un día…
o para destruirlo.

No fui regado con «te quiero».
Crecer fue doblar raíces torcidas,
llevar la duda clavada en el pecho.
Pero el tiempo, maestro silencioso,
me enseñó otro lenguaje.

Aprendí a decirme «te quiero»,
frente al espejo, sin esperar eco ajeno.
Aprendí que necesitar afecto no es cobardía,
y que no rendirse a su ausencia
es un acto de valentía.

Hoy no mendigo cariño.
Si no llega, no me hundo.
No necesito pruebas.

Cuando todo se desploma,
cuando el vacío amenaza,
yo soy mi cuerda,
mi propio salvavidas,
la voz que susurra:

«Estoy contigo.
Te quiero.
Y eso basta».

El inicio de mi mejor versión

Siempre lo imaginé,
como un sueño entre la piel y el alma:
el día en que ella,
con una sonrisa temblorosa y los ojos llenos de luz,
se acercara a mí
con un pequeño test entre las manos
y dijera sin palabras lo que su corazón gritaba:
«Vas a ser papá».

Entonces el mundo se detendría,
como si alguien apagara el ruido del universo
solo para dejar sonar esa frase.
No habría conquista más grande,
ni luna que valiera tanto,
ni bombilla que iluminara más que su noticia.

Porque ahí, en ese instante,
todo lo que fui y todo lo que soy
se rendiría ante lo que estaba por venir.

Iba a ser padre.
Y no de cualquier manera:
sería padre al lado de la mujer que amo,
la que eligió quedarse, a pesar de mis cicatrices,
la que convirtió mis ruinas en hogar.

Soportaría las noches sin sueño,
los llantos sin motivo,
el cansancio pegado a los huesos.
Y, aun así, me sentiré
el hombre más afortunado del mundo.

No sé si seré el mejor padre,
ni si lograré ser siempre el esposo perfecto,
pero juro que seré la mejor versión de mí mismo.

Seré abrigo en los inviernos,
refugio en los miedos
y alegría en los días nublados.
El guardián silencioso de las almas más preciosas
que Dios me haya confiado.

Libre ante Dios

A veces me pregunto si creo en Dios
porque me lo dijeron,
o porque algo dentro de mí aún lo busca.

¿Es la fe una costumbre heredada,
o un acto de voluntad que florece en silencio?
Fui a misa cada domingo,
no porque quisiera,
sino porque no había opción.

Años de rodillas,
implorando,
porque decían que Él escuchaba.

Dios nos quiere libres,
no esclavos de un rito,
no obedientes por miedo,
sino entregados por amor.

Hoy me acerco por elección,
sin cadenas,
sin ruido.
Solo Él y yo.
Sin obligación, ni mandato,
solo un deseo sereno de encuentro.

Y es más fácil hallarlo cuando lo buscas libre,
porque el amor que nace sin fuerza
es el que más profundamente enraíza.

La eternidad de un segundo

¿Cómo se vive al máximo?
¿Saltar, aunque no haya red,
arriesgarlo todo,
solo para sentir que existo?

Tengo esta vida,
una sola.
A veces miro el cielo y deseo ser nube,
desvanecerme en su calma
para no tener que comprenderme.

La vida es rara:
tan corta cuando ríes,
tan larga cuando dudas.
Puedes tener todo el tiempo
para ir a cualquier lugar,
pero solo una infancia
para no saber a dónde.

Un día despiertas,
y estás más cerca del final
que del principio.
Y no suena una alarma,
ni hay señales de advertencia.

¿Qué hacer con esta vida
que se escurre entre los dedos
y, al mismo tiempo, se aferra al pecho
como una llama que no quiere apagarse?

Tal vez… vivir sin arrepentimientos.
Quizá eso sea todo.
No medir los días, sino los instantes
que hicieron vibrar el alma.

Porque si hoy fuera el último,
¿no querría haber amado más,
reído más, saltado sin pensar?

No tengo la respuesta,
pero tengo esta pregunta.
Y mientras la siga haciendo,
tal vez —solo tal vez—
esté aprendiendo a vivir.

El testamento de mi vida

Hubo un momento en que concebí
que la vida no avisa,
que el último aliento puede llegar
en medio de la risa,
de una calle cualquiera,
de una despedida que parecía breve.

Y desde entonces,
decidí no dejar nada a medias.

No quiero abrazos apurados
ni besos con prisa.
No quiero palabras sin alma
ni miradas que esquiven la verdad.

Quiero amar con todo,
sin temor a parecer intenso,
sin miedo a que no sea recíproco.

Quiero hacer el amor
como si fuera la última vez.
No por urgencia,
sino por respeto a lo que somos
cuando el alma se entrega,
cuando cada suspiro se vuelve un instante eterno,
y cada roce habla sin palabras.

Quiero correr tras mis sueños,
no solo soñarlos.
Tocarlos, vivirlos,
aunque duelan los pies o pese el fracaso.

Esta vida es la única que tengo,
y el tiempo no devuelve lo que no hiciste.

No sé qué traerá mañana:
quizá nada,
quizá todo cambie.

Por si acaso,
dejo escrito mi testamento.

Seré feliz.
Lo haré bien.
Me iré en paz.

Índice